Cher Docteur!!!

EN RÉPONSE

A L'HONNEUR DE LA VÔTRE...

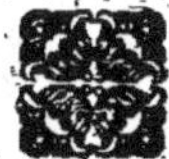

- 1843. -

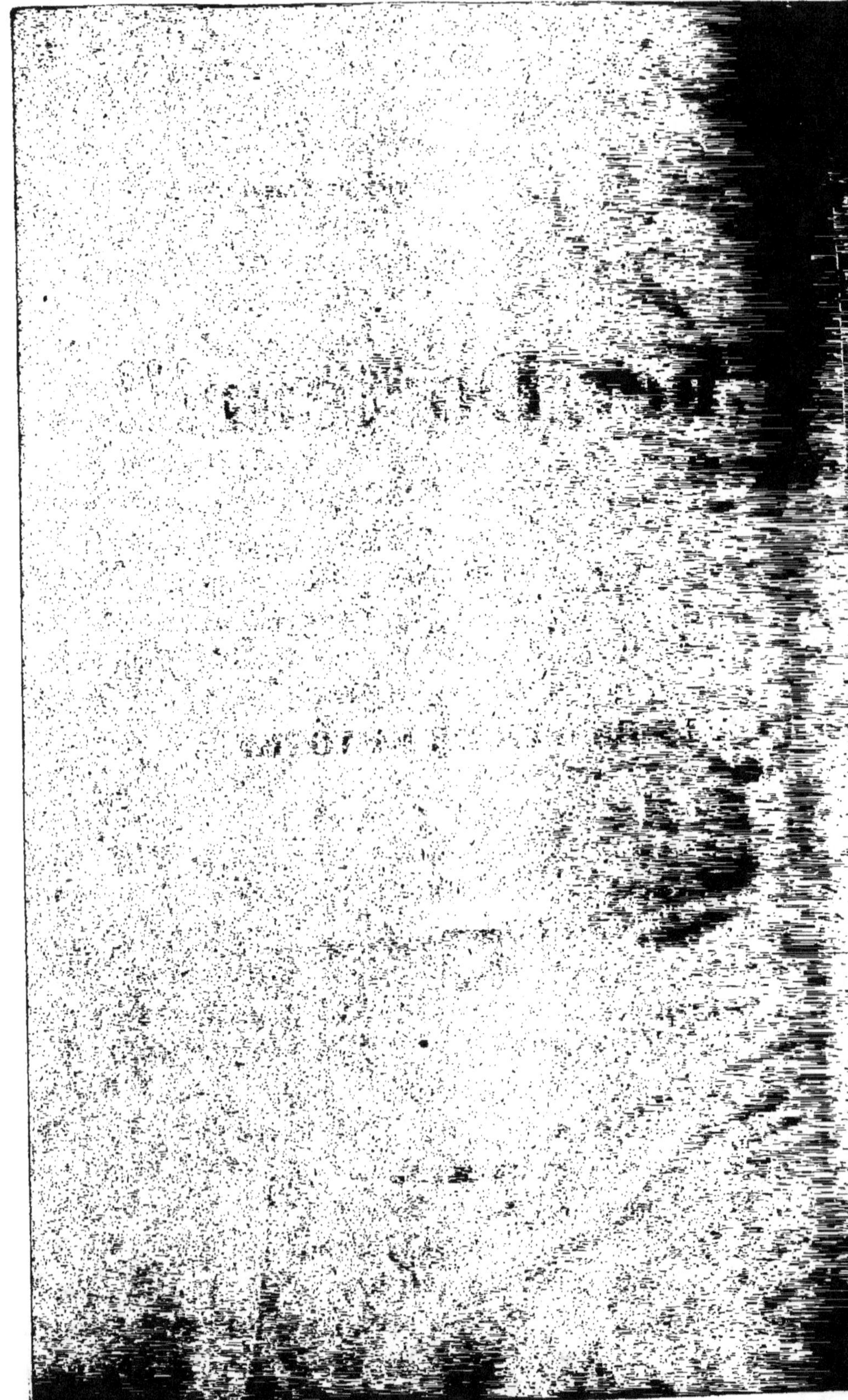

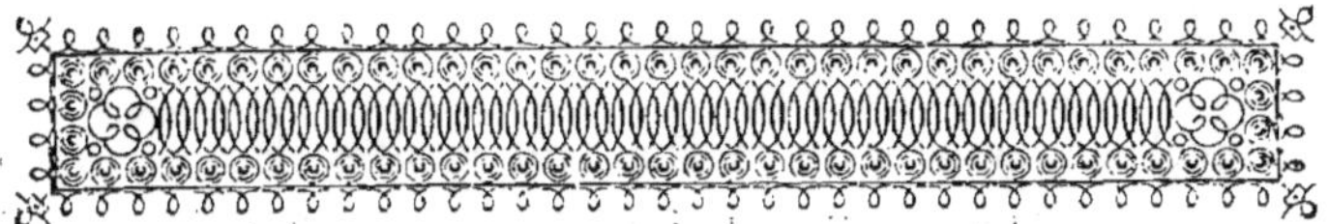

UNE BAMBOCHE,

A L'ENCONTRE D'UNE MALADRESSE (*).

◆◆◆

Mon cher Docteur,

Sous la peau d'un ours vous aviez revêtu un diaphane incognito, et somme toute, m'est avis que vous avez bien fait de le déchirer vous-même, en signant votre article du 6 de ce mois. La fourrure dont vous vous étiez paré atteste votre bon goût, une étude consciencieuse de ce qui sied au caractère de votre phisyonomie, une saine appréciation de

(*) Ce *bibus* devait paraître dans l'*Écho* de samedi dernier, 2? courant; on avait même eu la velléité de le soumettre au jugement du public, par un supplément à ce journal, qui se serait publié, *aux frais de l'auteur,* le 15 ou le 16 de ce mois, selon les exigences de ses loisirs ; car ces feuilles rapidement écrites, dans des moments de délassement et de repos des affaires (les seuls d'ailleurs qui convinssent à l'insignifiance de l'œuvre), se noircissaient sous *l'encre de composition du tireur,* au fur et à mesure qu'elles sortaient de l'écritoire de l'auteur. L'un les tenait par un bout, pendant que l'autre les griffonnait, ouLlieux de son commencement, sachant

votre valeur personnelle; mais autant valait écrire sur vôtre front : « C'est moi qui suis Guillot, — l'auteur de.... (ici j'éprouve les embarras de M. Jourdain), l'auteur, ma foi! de cette prose. — Oui, c'est bien de la prose, de la vile prose, malgré vos prétentions à la prose fleurie; — c'est de la prose, comme la confusion des couleurs disposées sur la palette d'un peintre serait de la peinture.

Non que j'entende, en vous disant mon sentiment sur votre style, intervenir, spadassin inutile et retardataire, dans la querelle que vous vous êtes faite avec notre jeunesse dorée. Je veux tout simplement rire avec vous, de vous avec vous-même, en compagnie de nos lecteurs de l'*Écho*, s'ils en ont la fantaisie. Vous savez, de reste, qu'entre nous, critiques, nous aimons jusqu'à la folie à rire les uns des autres, que les esprits bien faits d'entre nous se laissent quelquefois aller jusqu'à rire d'eux-mêmes.

encore moins comment il finirait. Le jeu était plaisant.... mais *les destins et les flots sont changeants*. L'auteur, chose inouïe pour un auteur qui paie! rencontra des répugnances manifestes, peu convenables peut-être, et assurément moins *convenantes*. Des négociations diplomatiques s'ouvrirent alors, en présence d'un tiers parfaitement honorable; elles aboutirent à un *sursis....* La publication était ajournée au samedi 27, l'*Echo* devait insérer *gratis*, les frais du commencement d'exécution de l'impression restant à la charge de l'auteur. C'était justice; il l'exigea formellement, malgré les résistances persistantes qui lui furent opposées. Hélas! chose convenue n'est pas toujours chose accomplie. Au jour dit pour la livraison de son manuscrit, alors achevé, l'auteur se présenta, accompagné d'un autre tiers, non moins honorable que le précédent. Un ressouvenir de *camaraderie littéraire*, imprévu pour un pauvre diable, étranger aux douces affections de *la littérature* autant qu'à ses gloires, fut fatal à l'auteur. *L'Echo n'insérait plus*, — à moins de conditions nouvelles, imposées, non à sa bourse, mais à sa dignité. Il gémit de ce diffuge, — non moins que de son exclusion du *Sacrum-Sanctum*.

Ainsi, pour faire rire de lui, l'auteur a payé un imprimeur qui ne l'a pas imprimé, en paiera encore un autre qui consent à lui prêter ses presses, et ne se tiendra même pas pour libéré envers ce dernier, à raison de son obligeance.

Qu'on sache gré à l'auteur de ce double sacrifice. C'est la seule obole qu'il demande à la pitié de ses lecteurs! *Amen ! ! !*

Ceci vous étant dit, sans remuer *vos cendres symboliques*, sans soulever la pierre de votre *sépulcre*, échappant à votre *oraison funèbre*, (réminiscence peu heureuse de l'enterrement populacier de Mardi-Gras) je me hasarderai à vous représenter que vous avez trop crûment indiqué le lieu de votre scène. Votre villa n'eut rien perdu de son prestige à rester un peu plus voilée ; quand on décrit un temple bien connu, si les lignes sont correctes, si les couleurs sont bien agencées, nul besoin de tracer son nom sur le frontispice ; il est de bon goût, de respect convenable envers son œuvre de laisser le temple se nommer lui-même. Jamais peintre de quelque valeur, prenant à la barbe le Roi des Cieux, n'a eu l'idée d'écrire au pied de son tableau : « *Ecce Homo.* »

A cette indiscrétion envers vous-même, vous en avez ajouté, à mon sens, une autre beaucoup plus grave. Vous ne vous êtes point borné à vous *exclamer « d'Aphrodite, à Paphos, on célébrait la fête »* ; vous avez écrit en toutes lettres le nom de notre amphytrion ; nom de tous bien connu et de tous respecté, nom qui sans doute n'appréhende aucune publicité, mais peu jaloux, comme tous les noms de quelque prix, des honneurs du feuilleton. Vous avez oublié qu'il n'y a que le roi, en France, soumis à l'inconvénient de voir peindre ses fêtes, ses plaisirs intimes, ses galas ; et cet inconvénient m'apparaît tel, qu'entre autres motifs celui-là seul suffirait à m'ôter tout désir de m'asseoir sur le trône de notre beau pays.

Pour excuse de mon observation, je vous confesserai, cher Docteur, que j'ignore *les certains priviléges de la vie de Paris* ; je n'ai pas eu l'heur de vivre dans les hautes sphères, dont vous êtes descendu si heureusement pour nous ; ce qui est naturel, bon genre là-haut, peut très-bien être pris pour une inconvenance ici-bas, au milieu de nous, atômes microscopiques dans le grand monde. Or, dans notre petit monde, qui a aussi son bon sens et une certaine justesse d'appréciation, j'ai saisi cette observation ; je me contente de vous la reporter, pour faire avec vous, qui nous apprenez si volontiers les secrets des usages en hauts lieux, un reconnaissant échange d'utiles enseignements.

Maintenant, souffrez que je *monte* avec vous *en cabriolet* (vous aviez un ami à vos côtés, supposez qu'il y est encore). Fouettons fort, brûlons *Ploujean*, grâce de cahots, sortons vîte de ce *pauvre petit chemin* où les *bons vers luisants avec leurs flambeaux* menacent d'éteindre celui de votre raison ; *ne réveillons pas en sursaut les fleurettes des fossés*, car parmi elles j'aperçois l'églantine, et ses épines sont cruelles pour un épiderme aussi transparent que le vôtre.

Ne nous arrêtons pas à voir *si les arbres de l'avenue sont de la fête, si tous ont des bouquets de lumière au côté*, courons voir le bouquet de la mariée ; celui-là vaut parbleu bien ceux dont vous regrettez l'absence ! Tirons *les épais rideaux de ténèbres sur les arbres et feuilles endormis*, ne nous plaignons pas du *silence du gazon* ; je vous l'ai dit, Docteur égrillard, sur ce chapitre au moins nous différons d'avis ; je crains même, pour vous, que votre pente irrésistible à l'indiscrétion vous ait empêché de connaître les charmes, les souvenirs d'un gazon discret.

Quant à vos *modestes phares*, rien de plus immodeste que les regrets qu'ils vous arrachent : votre belle colonne de granit de l'île de Batz vous suit trop loin ; comme vous je l'admire ; je me suis émerveillé à la voir se dresser devant moi, du haut des montagnes de Scrignac. J'aime sa lanterne phosphorescente, lorsque, de nuit, je chemine en droite ligne d'un point à un autre, gagnant un gîte, rêvant bonne auberge et souper succulent. Mais j'aurais horreur de sa clarté, si elle me poursuivait sous l'ombrage feuillu, précisément à l'entrée d'un gynécée, là où le mystère est si favorable. — Mais, chut ! je veux avoir des lectrices.

D'honneur et d'amitié, pour un homme qui se mêle aux

mignons du siècle, vous avez commis un monstrueux ana-
chronisme, dans votre *catastrophe de voitures versées*, prévue
de vous seul ; c'est, au tems où nous vivons, une reculade
jusqu'à l'époque de l'opéra du nom. Auriez-vous, par
hasard, assisté à sa première représentation ? Gardez-vous
bien de le donner à croire : vos succès à la contredanse,
à la valse, au galop surtout, pourraient en être singuliè-
rement compromis.

Entrons donc, sans coup férir, dans la salle du bal ;
tenons-nous pour honorés d'y entrer, malgré que la poli-
tesse courtoise de nos amphytrions ait bien voulu admettre
que notre présence *honorât* leur fête ; croyez-moi, cher
Docteur, ne stationnons pas *à la porte.* C'est le poste des
vicomte de *Jodelle* et des marquis de *Mascarille,* dont les
emphatiques et joyeux propos me plaisent, lorsqu'ils s'a-
dressent à de *précieuses ridicules.* Mais hors ce cas, et un
autre que ma réserve m'interdit de désigner, je ne prends
aucun plaisir aux bagatelles de la porte.

Votre entrée, convenez-en, a été malheureuse. Des femmes,
des gazelles, des sylphides, franchissant d'un vol léger les
hauteurs d'un étage, sont par vous comparées *aux fleuves
qui descendent des montagnes pour aller à l'Océan ! ! !*

Le psalmiste a dit quelque part : *Les montagnes sautèrent
comme des béliers.* Longin, dans son traité, assure que l'i-
mage est sublime, et je veux bien le croire ; mais ni le psalmiste, qui se connaissait en femmes et qui leur a débité pas
mal de galanteries, ni Longin, qui traçait les règles du sublime, n'ont songé à comparer ou à conseiller de comparer
le mont *Olympe* à *Vesta.* Pour moi, si, imprudent *Icare,*
j'allais chercher, en votre cas, une comparaison aux régions
supérieures, j'irais plutôt saisir la girouette de notre flèche
de *Creizker ;* sa mobilité, ses gracieux et vifs tournoiemens,
ses cris aigus et soudains lorsqu'elle s'agite sur sa tige,
me serviraient mieux que vos nappes d'eau, sur lesquelles,

d'ailleurs, un esprit mal fait pourrait se méprendre, bien que nous n'assistions pas à un bal du premier âge.

Votre cascade des rayons du prisme qui ont rompu les rangs et marchent à volonté, n'est pas meilleure, et du point de vue de la science, elle manque encore plus de justesse. Comment, vous Docteur, et qui pour le devenir avez passé par l'étamine du baccalauréat ès-sciences, vous êtes-vous exposé à ce reproche de la part du plus humble des gradés dans la section des lettres? Cette dernière comparaison est, dites-vous, *un peu garde nationale*. Fi de votre aveu! il me fait mal au cœur. Je hais les gardes ordinaires, encore plus les gardes hors de tour; autant j'aimais à jouer soldat dans mon enfance, autant ce jeu me déplait dans mon âge mûr. Fi!-fi! j'ai vu en vous M. Pigeon dans sa guérite, ses bas de coton bleu, sa livre de chandelles et ses souliers crottés.

Vous avez mauvaise chance en si bonne compagnie, à vous faire *coudoyer* par *des caravanes!* jusqu'ici j'avais crû qu'on ne les rencontrait qu'au désert. Je fuis en toute hâte votre approche fâcheuse; je craindrais, près de vous, d'être pris pour *Hassan*, le conducteur de chameaux.

Votre dissertation sur le *turban, l'ajustement incorrect des robes, la symétrie douteuse de la mise*, me donne une haute idée de votre compétence, en pareille matière. Si jamais la fantaisie me prend de tenter la fortune, sur les pas de *Maurice Beauvais, Gagelin*, ou autres célèbres faiseurs, j'arrête pour ce moment là vos conseils et votre direction; je vous chargerai de la rédaction de mes réclames. Jusques-là, la toilette d'une jolie femme sera pour moi dans ses traits, dans ses yeux, dans sa taille, dans ses cheveux, dans ses pieds; de ces toilettes là, m'est souvenance qu'il n'en manquait pas aux lieux dont vous parlez: on les retrouve partout, toujours fraîches, disposées avec le même art, la même coquetterie.

Votre *poste aérienne*, quoique vous prétendiez, *ne fera pas une terrible concurrence à l'administration de M. Comte*, plus dangereusement menacée par les chemins de fer ; elle ferait tout au plus pâlir le *sonnet à la princesse Uranie*, s'il avait été sérieusement écrit, au lieu d'être ingénieusement inventé, pour la flétrissure sanglante du mauvais genre que vous affectez, du mauvais goût de vos tours, et de votre malencontreuse recherche d'esprit.

Quel que de terrain vous nous avez fait parcourir pour arriver *à l'ouverture de vos observations critiques !* Vous êtes haletant, couvert d'écume et de sueur, et votre outre-cuidance va s'attaquer à un gros homme, fabuleuse création de votre imaginative, espèce d'hippopotame, dont la force d'inertie suffirait à vous écraser ! Imprudence énorme, cher Docteur ! En vain vous voulez prendre ce formidable *Enthelle* par derrière, en le visant au dos, en chargeant ses épaules *d'une table de dix couverts.*

Le stratagème ne vous réussira pas. Plus vainemet encore essayez-vous de le mettre aux prises avec de jeunes filles : l'artifice est par trop grossier ; nul n'en sera dupe. — Quoi ! deux jeunes filles, *aux grands yeux toujours pleins de naïfs étonnements, au rire pur-sang,* abaisseraient leurs regards sur un pareil monstre et sourieraient à tant d'infirmité ! Non, mille fois non..... Ce qu'il faut à de jeunes et beaux yeux pour les occuper, c'est une jeune et noble figure d'homme, une taille élégante et bien dessinée, une désinvolture gracieuse, un *Antinoüs* ou quelque chose d'approchant sinon dans la réalité, du moins dans ses efforts pour l'atteindre.

Sur ce chapitre, j'en sais plus long que vous : rappelez-vous combien je vous ai comprimé dans notre voyage en cabriolet, et, sur mon expérience, tenez pour certain que l'obésité est sans attraction pour les œillades féminines ; que la causticité d'un souris lui est même refusée.

Votre imagination a fait là un maladroit écart, cher Docteur !

Pour l'utiliser à l'occasion, écoutez et retenez mon anecdote d'un gros homme; elle est d'ailleurs historique; à ce
titre seul, elle doit être préférée à la vôtre.

Mon gros homme n'avait d'autre rapport avec le vôtre
que dans l'initiale de son nom : ce nom commençait donc
par un S...; il était porté par un député d'une des prin-
cipales villes de la Bretagne, devenu plus tard pair de
France. A vous qui connaissez si bien Paris et ses usages,
inutile de vous dire où et comment s'y font les lois; de
vous expliquer comment, à la réception de leurs lettres
closes, les législateurs éparpillés dans leurs foyers, dans
leurs provinces, tombent au palais Bourbon, qui sur le
budget, qui sur les ministres, tous sur les galas minis-
tériels. — En ce temps là surtout, — c'était en pleine
Restauration.

Notre législateur, l'un des trois cents et toujours des
premiers à son poste, avait pour habitude de s'y rendre
par le courrier. Son volume était tel, qu'il lui fallait deux
places; il les retenait toujours à tems : au bureau, ses
habitudes étaient connues; son cube exact l'était aussi;
jamais erreur n'avait été faite. Mais il advint qu'un jour,
soit malice, soit ignorance d'un employé nouveau, les deux
places réservées se trouvaient, l'une dans l'intérieur, l'autre
dans le cabriolet. Au jour, à l'heure dits, M. S... se pré-
sente pour s'embarquer dans la voiture. Il se fait ouvrir la
portière de l'intérieur; mais, ô surprise! il n'y découvre
qu'une place vacante, c'est-à-dire, une demi-place pour
lui. Sans trop s'émouvoir, croyant à une usurpation de ses
droits, qu'il ne veut pas même se donner la peine de dé-
fendre lui-même, il appelle l'employé. « Et mes deux places,
» Monsieur ! ne me les avez-vous pas réservées ? — « Mais
» vous les avez, M. le marquis, l'une dans l'intérieur,
» l'autre dans le cabriolet. — Malheureux! comment voulez-
» vous que je me divise? je ne puis me couper en deux?

» je ne puis partir. Hélas! que dira *Villèle?* Vous en êtes
» cause; vous en serez responsable. » En effet, le marquis
de S. ne put partir ce jour, et le retard fut de 48 heures,
car alors le passage des courriers n'était pas quotidien.
Pendant ce tems une loi très-importante se votait, la loi
d'amour ou celle du droit d'aînesse; mais l'absence de M.
S. et de ses influences empêcha la loi de passer. Heureux
l'employé, s'il n'encourût pas une destitution, pour ne pas
avoir compris les deux placés pour un, comme un garçon
de restaurant comprend un glouton qui demande deux bœufs
pour lui seul.

Avouez-le, cher Docteur, mon historiette est plus plai-
sante que la vôtre, de meilleur ton au moins, car votre
gros homme, vous le suspendez le c.. entre deux selles;
vous l'écartelez à deux chevaux, et cette nauséabonde image,
vous osez la faire sortir, sale et dégoûtante, des lèvres pu-
diques de deux jeunes filles! J'en suis fâché pour vous,
Docteur; mais vous nous apprenez qu'il est une branche de
votre art que vous ignorez, — le soin de la bouche.

Votre ignorance, d'ailleurs, se relève par le système des
compensations; vous vous vantez bientôt d'admirables ar-
canes; vous avez découvert *l'ouïe par les yeux!* Votre fi-
nesse d'observation, dans une paire d'yeux, saisit la parole,
écoute la phrase, arrondit la période; dans quatre scin-
tillantes prunelles choquant ensemble leurs rayons lumi-
neux, vous rencontrez un dialogue entier, vous entendez
une confabulation intime. Votre secret! Oh! votre secret....
livrez-le moi à tout prix. Prenez un brevet d'invention,
exploitez votre découverte, vite à l'œuvre; vos succès sont
certains, plus certains que ceux du Breton d'outre-Manche,
qui a la prétention de nous ravir à la terre et de nous faire
voyager vaporeusement à travers les cieux. Vous m'en ferez
part l'un des premiers, n'est-ce pas? En ami, vous ne me
traiterez pas trop durement, je l'espère. Merci, d'ailleurs,

n'importe à quel taux. Simple que j'étais ! mon regard n'a jamais su jeter qu'un seul mot, mot trivial et qui court les rues ; pour cela sans doute si mal accueilli, lorsque je l'ai hasardé, sauf une petite fois peut-être, et de cela il y a long-tems ; souvenir ineffable néanmoins, dont la fraîcheur ne se ravivera plus, car mes cheveux grisonnent.

A ce propos, Docteur, votre perruque aussi se poudre à blanc, d'où j'incline à penser que, sous un anonyme complet, vous nous avez conté quelqu'une de vos mésaventures dans la personnification de ce maussade jeune homme qui n'aime pas le bal, qui y va cependant, pour jeter aux oreilles bienveillantes de sa danseuse, ses poignants griefs à l'endroit de la plus gentille moitié de l'espèce humaine. Votre incognito, vous êtes inhabile à le garder ; vous vous complaisez trop dans l'intuition de votre personnalité ; ainsi, votre *Sosie*, vous le faites laid, et vous n'êtes guères beau ; vous lui donnez de la fatuité, et vous en êtes si richement pourvu, que le cadeau trahit la main dont il sort. Allons, Docteur ! un aveu entier, comme pour votre article ; rapprochons-nous, unissons nos mécomptes, consolons-nous en bons amis, et selon le poëte des Burgraves, œuvre récente et *trilogique* (je ne dis pas très-logique.)

« Faisons un grand bonheur de nos deux infortunes. »

Mais votre imprudence est si grande, cher Docteur, que me voilà encore forcé de m'écarter de vous, à l'heure même où je voulais m'en rapprocher. Quelle rage aussi est la vôtre ! D'où vous arrive cette observation dynamométrique sur la résistance des liens d'un *corset*? Sous ce corset, malgré votre dire, j'avise une taille ravissante, souple comme la tige d'un roseau, dangereuse à plus considérer pour un Caton comme moi! Et de plus (ceci est le moins gai pour vous), la jeune fille, que vous apostrophez si incongruement, a de l'esprit comme quatre (non pas comme vous et moi et deux autres qui voudraient bien s'affilier à notre société béotienne) mais comme quatre hommes d'esprit, du plus pur sang, qu'il nous est loisible, pour la satisfaction de votre amour-propre, d'aller chercher aussi loin qu'il nous plaira du centre de notre rayonnement.

Gare donc la bombe! Vous avez mis le feu à la mèche;.... je ne veux pas de ses éclats. Défendez-vous seul, puisque seul, entre tous, vous avez été assez osé pour irriter la plus espiègle, la plus mordante de nos lionnes.

Avec une telle fanfaronnade au cœur, comment pouvez-vous concilier une si grande crédulité d'esprit? *A Morlaix*, exclamez-vous (c'est votre mot, je l'emploie volontiers en devisant avec vous) *les belles danseuses se retiennent à domicile huit jours d'avance.* Et votre fatuité s'est laissée prendre à cette défaite polie! Vous n'avez pas compris que les belles danseuses sont le patrimoine des beaux danseurs. Votre puissance d'observation, dans laquelle vous vous drapez si complaisamment, n'est pas allée jusqu'à s'apercevoir que pour eux il y a toujours une place vide au calepin; qu'avec un instinct sûr et jamais trompé, leurs noms étaient inscrits à l'avance, pour fournir un prétexte décent d'écarter le vôtre, le mien, la nomenclature entière de la vieille lionnerie. Que si vous en doutez encore, prenez vos précautions huitaine à l'avance, vous rencontrerez infailliblement des devanciers de huit jours plus diligents; persévérez ensuite dans votre entêtement, et vous serez, d'époque en époque, renvoyé aux Ides Romaines; si votre charpente osseuse est de construction à remonter le cours des siècles et que la vieille Atropos veuille bien lui épargner l'honneur de ses ciseaux, vous deviendrez ainsi le contemporain, le partner peut-être de la belle Cléopâtre!

Frondeur maudit et quelque peu frondé, que vous ont fait ces soupers si bien entendus, si délicatement offerts, que ma gourmandise d'autrefois adorait, que mon *gourmétisme* d'aujourd'hui ne méprise pas encore? (pardon du barbarisme, j'en avais besoin pour la rapidité de ma période). Les indigestions des mangeurs vont-elles à l'encontre des intérêts de votre profession ? Fils indigne d'Esculape, auriez-vous, comme membre de la Société des Naufrages, contracté une invincible horreur pour tous les maux de la pauvre humanité, hormis la noyade ?...

Cela serait, au reste, que vos souvenirs de l'histoire se rappelleraient un illustre noyé, un prince de la maison royale d'Angleterre, condamné à mort par le bon plaisir de son grâcieux souverain, qui demanda et qui obtint, comme faveur spéciale, d'être immergé tout vivant dans une tonne de malvoisie. Nos viveurs du siècle n'abordent pas le champagne avec une résolution si arrêtée ; mais le champagne coule si limpidement, altère le gosier avec une fraîcheur si tentante, que des noyades peuvent suivre ses libations. Ce cas arrivant, votre lancette peut refuser son officieuse piqûre au glouton indigéré, votre philantropie déployer à son aise ses appareils fumigatoires.

Jeunes filles, jeunes femmes : dites-moi ce que vous avez mangé au bal, je vous dirai ce que vous êtes ! Quelle irrévérente exclamation, cher Docteur ! C'est bien une exclamation, n'est-ce pas ? Quand vous vous écriez, vous vous exclamez, quand vous employez l'apostrophe, cette figure de la vieille rhétorique, c'est une exclamation que vous proférez, un son *stentorien* que vous arrachez violemment à toute l'énergie de vos poumons. C'est, d'ailleurs, parfaitement entendu, personne ne s'y trompera, sous l'influence du vent qui caresse notre pauvre littérature. L'exclamation!!! et ses points surtout, voilà le fond de l'école du jour. Ce *criterium* de la pensée, accessible à tous, est d'une utilité grande au romancier qui traite à la page avec son éditeur ; ces points miraculeux ont l'avantage de se multiplier à l'infini, de couvrir autant de blanc qu'on en veut noircir ; *Vaugelas* n'a prescrit aucunes règles sur leur emploi.

Mais où ma conduit cette digression que votre présomptueux aphorisme m'a fourni ?... Les disciples d'Hippocrate ont une tendance bien marquée à tirer, des circonstances les plus minimes, les plus insignifiantes en apparence, les conclusions les plus justes, les plus logiques.

Une minute d'attention pour mon exemple, vous en allez juger : je suis anecdotier, vous savez, et par état, vous avez l'habitude de prendre les gens comme ils sont, les teigneux avec leur horrible maladie, et par leurs cheveux même, s'ils en ont encore ; les galeux avec leur peau, d'un toucher si dangereux. Acceptez-moi donc avec mon anecdote, — c'est ma lèpre.

Or, un docteur, votre confrère, exerçait au village ; par ce seul motif, d'autres l'appelleraient un *frater ;* moi, je lui conserverai son titre, car il y avait d'incontestables droits. Dans les rares occasions où il *formulait,* lorsque son curé expiait son éloquence par une laryngie, son maire son zèle électoral par un rhumatisme rapporté du chef-lieu d'arrondissement après une élection chaudement disputée, Madame la Mairesse sa fécondité par un enfantement laborieux, il (le docteur) apposait au pied de son ordonnance une majestueuse signature, suivie des trois majuscules D. M. P. Ainsi, c'était bien un docteur, et de la grande école, ma foi ! de celle à laquelle vous devez, j'imagine, les incommensurables trésors de votre science. Bon homme, du reste, il rendait grâces au ciel des maux qu'il nous envoie ; il allait même quelquefois jusqu'à les appeler, lorsqu'ils se faisaient trop attendre. Non qu'il fut entaché de la moindre méchanceté, c'était pure bonté d'âme. Son humanité s'applaudissait de venir en aide à ses semblables, sa bourse s'en gonflait, et de ces deux considérations, également respectables, je ne saurais vous dire laquelle le touchait d'avantage. Demandez-le à plus savant que moi, au banquier qui, ses sûretés convenablement prises, se décide à rendre service à ses

amis, moyennant un intérêt légitime de 6 p. $^0/_0$, impercep-
tiblement élevé à **12**, par une multitude de petits accessoires
non moins légitimes que la première stipulation dont ils
découlent.

Par ces deux considérations réunies, sans accorder peut-
être, même *in petto*, le pas à l'une d'elles sur l'autre, notre
bon docteur se délectait à voir ouverte la boîte *pandorienne*
de tous les maux. A défaut de fièvres pernicieuses, cérébrales,
typhoïdes, malignes, jaunes ou rouges, il les acceptait
continues ou intermittentes, tierces ou quartes, telles enfin
que les malices de l'air les apportaient. D'un amour passionné pour la gastrite, cette poule aux œufs d'or, il ne
dédaignait pas le vulgaire catarrhe ; il exploitait au besoin
l'indigestion, cette horrible torture d'un estomac récalcitrant,
pour laquelle votre pitié est sans entrailles, au moins au
bal. Or, au moment où votre confrère vous tend la main,
l'indigestion était à l'ordre du jour dans le village de......,
elle était dans l'air, partout, elle se manifestait en hauts et
bas lieux. Le *frater*, non, non, le docteur (j'oubliais votre
confraternité) avait de la besogne. Il s'assied à un chevet,
tousse, se mouche, plonge ses ongles bleus dans une poudre
noire, se fait tirer un pied de langue, hoche de la tête, in-
terroge un pouls dur et *capricant*, dont il suit les pulsations
sur la marche des aiguilles de sa montre ; son regard scru-
tateur pénètre partout, jusque sous le lit. Ne vous effrayez
pas..., rien ne vous portera au nez — qu'une suave odeur de
pommes, dont les pellicules, soigneusement débarassées de
leur chair, sont là gisantes en grand tas. Riche de sa découverte, le docteur comprend rapidement l'honneur qui va
en jaillir sur son *diagnostic ;* il relève son œil, puis le re-
couvre de l'ombre de ses épais sourcils, en plissant son front,
et laisse tomber sentencieusement cet oracle : « Ceci ne sera
» rien ;... c'est une rébellion de votre estomac contre l'abus
» que vous avez fait d'un fruit délicieux, d'un fruit très-

» sain mangé à la douzaine, indigeste seulement lorsqu'on
» dépasse le décalitre. Désormais arrêtez-vous là, lorsque
» vous mangerez des pommes dont vous me semblez très-
» friand. Maintenant, avalez quelques tasses d'eau chaude
» et tout sera dit. »

Le docteur avait frappé juste, son malade ébahi ouvrait,
après de grands yeux, une bouche plus grande encore, pour
témoigner son admiration et sa reconnaissance, lorsqu'une
nausée-monstre, s'emparant du passage des paroles, mit
obstacle à leur sortie, et vint justifier la sagesse des près-
criptions de notre Sangrado. Il sortit triomphant..... plus
triomphant encore (tant il y a de *crescendo* dans un triomphe),
il entra à quelques pas de là, chez un autre client. Vous
savez sa méthode, il renouvela les mêmes manœuvres, re-
connut les mêmes symptômes. Seulement, sous le lit, au
lieu de pelures de *vertes-reines*, il avisa la peau d'un âne,
écorché de la veille. « Hum! fit-il, je connais votre cas,
» mon cher Claude; vous êtes un peu glouton, vous avez
» mangé de l'âne avec excès.... vous en avez absorbé outre
» mesure..... Vous payez un peu cher votre gourmandise.
» Mais tout cela s'arrangera avec de l'eau tiède, de la diète,
» une saignée peut-être demain......... Vous en serez quitte
» pour être un peu rudement étrillé. — De l'âne, docteur,
» *s'exclama* le patient! — Oui de l'âne; il en entre dans
» le saucisson d'Arles (bon manger ma foi!); cette chair
» est un peu résistante.... ferme; mais elle a de la délica-
» tesse, et n'est pas toujours de facile digestion, lorsqu'elle
» est prise à trop forte dose. C'est votre cas, vous en avez
» fait abus, voilà tout. Confessez votre péché, nous vous le
» pardonnerons et nous vous guérirons. » — Claude était un
rustre; par tempérament, il manquait de patience; ajoutez
qu'en ce moment, une atroce tranchée le forçait à se tordre
sous ses couvertures. Le paroxisme de la douleur une fois
atteint, il y a un instant de répit; c'est alors que la plainte

s'exhale chez tous les êtres, et, violente ou résignée, revêt le caractère particulier des âmes d'où elle s'échappe. Chez Claude, l'éclat devait être furibond ; il le fût aussi. « Que » je confesse mes péchés, suppôt de Satan ! C'est sans aucun » doute ce que j'ai de mieux à faire ; votre art est un men- » songe, et bien fou qui s'y fie... J'ai mangé de l'âne, in- » solent faquin ! comme si un chrétien se nourrissait d'une » pâture si immonde !.... Sachez que depuis la mort de ce » pauvre *Charlot*, décédé d'avant hier, je n'ai vu d'autre » âne que vous. Sortez au plus vite de ma présence ; allez » à tous les diables, à cheval sur un manche à balai, comme » un infâme sorcier que vous êtes ! »

Le docteur ne se le fit pas répéter, il se retira contrit.

De cet apologue la morale est facile à saisir. Ne craindriez-vous pas, cher Docteur, après l'avoir entendu, que vos jugements par le jambon ou la galantine, si vous les exprimiez, ne vous attirassent quelque rebiffade aussi cruelle, quoique plus anodine dans sa forme ? Le sexe charmant, que vous avez la prétention d'analyser par ses préférences gastronomiques, sait *mignardiser* une épigramme acérée avec autant de talent qu'une œillade. Soyez sage, si vous n'avez pas encore trouvé l'onguent pour la brûlure.

Eh quoi ! non content de proscrire le *jambon*, vous faites la guerre au punch : *Magendie*, votre confrère et votre maître, s'est montré moins intolérant, dit-on, lorsque le choléra ravageait Paris, empoisonnait ses fontaines. Il prescrivait, alors, le punch à ses malades ; et plus d'une gentille cholérique s'est aussi bien accommodée que bien trouvée de la prescription. C'est, à partir de cette époque, que les salutaires influences de la douce liqueur ont été connues ; c'est de ce temps aussi que l'usage s'en est introduit dans les salons. Ne cherchez donc pas, disciple ingrat, à détruire l'œuvre de votre maître. Qu'y gagneriez-vous ? La perte d'abord de vos fines observations sur les libations féminines.

Nous autres, nous y perdrions ce que nous aimons, — la coloration d'un teint un peu trop pâli par les fatigues de la veille prolongée ; — le scintillement d'un regard que le sommeil allanguissait, — l'animation d'une causerie qui allait s'éteindre peut-être dans un bâillement. Voilà les sublimes effets, les merveilles étonnantes, produits par le plateau-restaurateur, à l'heure où le punch circule! — Que parlez-vous de la *coloration pivoine de la figure*? Je ne dis rien de cette *terre cuite* (elle n'est appréciable qu'à l'estaminet où vous avez été malencontreux de l'aller chercher.)

Mais la pivoine offre une magnifique nuance, un peu trop prononcée, j'en conviens, pour s'assimiler, dans son reflet entier, à un visage féminin ; il faut d'ailleurs votre tendance à l'hyperbole pour l'y découvrir, aujourd'hui surtout que la fadeur de nos académiciens, l'idéologie nébuleuse de notre philosophie creuse, les *concetti* de notre langue dégénérée, marquent de leur empreinte maudite jusqu'aux beaux fronts des filles des hommes.

La pivoine! Docteur, mais c'est une admirable fleur. Ah! vous seriez de mon avis, si vous aviez été de la visite que j'ai dernièrement eu l'honneur de faire à un horticulteur distingué de mon endroit, homme aimable pour ses visiteurs autant qu'amant passionné de ses serres et de son parterre. Là entre autres merveilles, vos yeux eussent admiré, avec les miens, l'éclat ponceau d'un tapis de pivoines ; avec les miens encore, ils se fussent délicieusement relevés, sur deux jolis visages, où brillait un incarnat moins vif, mais non moins beau, tant la nature est habile à assortir ses couleurs aux objets qu'elle prend la peine de nuancer! C'étaient deux visages de jeunes filles ; l'une à l'âge où la beauté a complété ses trésors ; l'autre naissante à la conquête de ces précieux joyaux, promettant de ne pas être un jour trop indigne de sa devancière. J'en sais plus d'une, cher Docteur, mais je ne vous les nommerai pas, qui, malgré l'empire de la mode mourante, eussent volontiers arraché quelques roses à ces teints rosés, au risque d'enluminer légèrement leur inapréciable pâleur *clair de lune*!

Femmes mignonnes! (que la tardiveté de mon apostrophe ne vous empêche pas de l'accueillir) femmes mignonnes! vous dont la grâce sait quelquefois s'allier au plus imperturbable à-plomb, n'allez pas vous laisser déconcerter par les intolérantes façons de notre Docteur. Buvez du punch, sans crainte d'être moins belles, avec la conviction bien certaine que vous le serez d'avantage..... dégustez-le selon vos habitudes, sans appréhension de nos critiques; — vos minauderies nous plairont toujours; c'est notre triomphe que de vous les imposer. Sablez même, à la fin d'un dîner (que notre courtoisie pour vous abrège désormais un peu trop), sablez une rasade de champagne. Sa mousse pétillante fait mieux ressortir la transparence du cristal, que la plus délicieuse paire de gants, sortie des ateliers de *Mayer*.

A vous maintenant, Docteur, à votre *confession*, mot dangereux à écrire depuis que Rousseau l'a laissé tomber de sa plume éloquente. Quoi! vous en convenez... *Vous ne faites pas patte de velours!* Songez à votre travestissement; un ours n'a rien de chatoyant; sa danse, que je sache, n'est ni *Taglionique* ni *Eslerienne*. Quelle imprudence vous pousse à dévoiler les maladresses de la vôtre! Vous, adorateur des joues bilieuses et incolores, n'avez-vous pas craint, par votre lourd piétinement, de faire monter la rougeur au front qui la fuit? C'est un crime impardonnable, si ce front là pense des couleurs comme vous. Je vous plains, cher Docteur, de votre aveu; il pourrait vous en cuire! Il était sans intérêt pour la généralité de vos lectrices; il ne peut servir qu'à vous compromettre vis-à-vis de l'une d'elles.

Mais ici, au moins, votre crime se renferme entre celle-là et vous, tandis que, quelques lignes plus bas, vous expectorez une dégoûtante incongruité, au grand scandale de tous vos lecteurs, à quelque sexe qu'ils appartiennent, pour peu qu'ils aient un recoin délicat dans leur âme. Qu'est-ce à dire de *votre boule vivante*, à l'aide de laquelle vous avez la prétention de vous attirer un tonnerre d'applaudissements. *O pudor et decus ! O tempora ! ô mores !*

Est-il nulle part une indignation assez fortement exprimée pour flétrir votre ignoble image ! Quoi ! un bal vous laisse de pareils souvenirs..., vous fournit de semblables comparaisons !.... Dans un certain monde, une femme, quelque désavantageusement douée qu'elle soit au physique, a, pour qui sait les pénétrer, des charmes qui toujours font oublier sa disgrace. Pour l'homme de bon goût, c'est une médaille d'une époque intéressante. Si l'effigie est effacée, tachée, mal dessinée, il examine avec soin le revers, observe s'il le faut jusqu'au cordon, et finit par découvrir quelque mérite, qui maintient la pièce infortunée dans les casiers de sa collection.

Prenez exemple d'un auteur contemporain, votre confrère, je crois (j'en suis moins sûr que pour *Magendie*), mais incontestablement écrivain d'infiniment d'esprit et d'imagination plus infinie encore. Quand il stigmatise les vices d'une sphère un peu parfumée, s'il nous peint un *Szaffie*, un *Lancry*, un *Lugarto*, il a soin de leur communiquer quelque prestige ; son *Ursule*, il l'a fait si belle quand il nous la montre odieuse ! il la relève insensiblement, à mesure qu'il l'abreuve d'ignominie ; il place le repentir à côté de sa tombe, et finit par nous arracher des larmes sur le sort de sa malheureuse création ! Sa *Cécily*, il sent le besoin de la prendre dans la race *Métisse*, sa *Chouette*, sa *Calebasse*, il va les exhumer dans des bouges immondes, ouverts pour elles seules et les bandits échappés des bagnes. Docteur, à l'avenir, dirigez-vous par ces leçons, et pardon de ma philippique.

A ce propos de *boule*, un mot cependant de la vôtre,.... oui, de la vôtre, de celle qui se joue sur le sable doré, la terre poudreuse ou le gazon fleuri, lorsque votre tête féconde quête, au soleil, ses brûlantes inspirations; — de celle qui se reflète dans l'onde amère, lorsque, pêcheur *humanitaire*, vous tendez aux noyés de secourables filets. Elle m'est apparue (votre boule toujours) radieuse et consolante, loin, bien loin d'ici. Dans l'intérêt de votre gloire, aussi bien que pour nous conformer aux exigences légales, disons les distances en kilomètres. Il y en a, ma foi, cinquante-six bien comptés de ce lieu au chef-lieu d'arrondissement, où mon humilité végète. 56,000 mètres, Docteur! oh! que c'est beau, que c'est magnifique, pour votre célébrité, d'avoir un horizon si étendu!

En cette cité lointaine, — (c'en était une, avec tribunal, sous-préfecture, commissariat de police et tous les autres attributs de la ville moderne) en cette cité, dis-je, votre boule, — j'affectionne le mot, — s'est offerte à mes regards, coquette et souriante, sur les feuilles d'un paravent. Elle m'a sauté aux yeux, non pour me les arracher, mais pour les charmer, dans un de ces pénibles moments où un corps de fer, résistant trop audacieusement au mal physique, laisse l'âme entr'ouverte à d'infernales tortures, tant il y a d'inflexibilité dans ces lois éternelles qui ont fait notre nature chétive, faible, souffreteuse, essentiellement périssable! — Dans cette triste situation d'esprit, votre apparition m'a été bien douce; — elle m'est venue comme un ressouvenir de ce monde, d'où la maladie m'avait exilé l'hiver dernier, — où quelques-uns ont été assez bons (et je les remercie) pour vouloir bien remarquer mon absence; — où mon retour a été accueilli par plusieurs avec une cordialité si parfaite, si délicate, que mes maux passés sont devenus une source de joies pures et délicieuses. A tous, à ces derniers surtout, merci! Mon cœur a été profondément touché de leurs procédés; il en conservera mémoire durable.

A votre boule, aussi, sa part dans mes remercîments. Elle a été le fil conducteur du premier rayon bienfaisant

tombé sur mon âme. Elle s'est montrée à moi dans la cir-
constance que j'achève de vous raconter.

J'étais à peine entré sous un toit ami, où j'allais m'aban-
donner aux soins qu'une affection sincère était venue m'of-
frir; j'avais à peine pressé la main du plus vieux, du meilleur
de mes camarades, homme de tact et de parfaite éducation,
qui a parfois laissé tomber quelques paillettes de son esprit
sur les colonnes de l'*Echo*; j'avais à peine déposé un baiser
chaste et affectueux sur le front d'une jolie femme, que
j'aime un peu, parce qu'elle est fort gracieuse, davantage,
parce qu'elle est excellente, beaucoup aussi, parce que
mon arbre généalogique (chacun a le sien, c'est la manie
du jour) a ses rameaux quelque peu mélangés avec le sien;
— j'avais à peine accompli ces préliminaires de toute ren-
contre avec des amis chers et dévoués, que mes yeux déjà
n'étaient plus pour eux; ils s'attachaient fixement, invaria-
blement sur vous, avec la magie d'une irrésistible fascination!
J'avais cependant devant moi les trois choses que j'apprécie
le plus ici-bas : — un ami vrai, — une jolie femme, et (j'ai
honte à le dire) un bon dîner. — Mais vous étiez là.....
un spirituel crayon avait si heureusement croqué votre sil-
houette! C'était vous, vous tout entier, votre profil d'ob-
servateur, vos cheveux béants, votre jarret tendu, votre
mollet *défaillant*, votre sabot *nautique* vous soulevant
sur les ondes, vos filets *sauveteurs*, votre *boîte à noyés*,
vos appareils à fumée, à insufflation, tout enfin jusqu'à
votre blague premier choix.

Gare à une nouvelle édition de votre charge, cher Docteur!
Je crains fort pour vous, que si le malin artiste nous la
donnait, après ces mots *blague premier choix*, il n'ajoute
ceux-ci : « *et de mauvais goût.* » — C'est peut-être ce qu'il
nous avait laissé à deviner, maladroits que nous étions!

Je vous abandonne avec moins de scrupule la moitié de
l'espèce humaine, à laquelle nous avons l'honneur, vous et

moi d'appartenir. Cependant, rappelez-vous qu'entre *ours* et *lion*, la lutte est inégale ; que barbe grisonnante trahit les regrets de sa *canitie*, en sautant à de riches et ondoyantes crinières.

Soyez bête, tout naturellement ; ah ! très-cher Docteur, pourquoi votre *Qu'il mourut* s'est-il fait tant attendre ? Que ne l'avez-vous adopté pour épigraphe ? Que n'avez-vous mis en pratique la sagesse de cet admirable conseil ! Il vous eût mis en garde contre bien des sottises, et vous m'eussiez épargné celles que je viens de débiter, par suite de mon ascension dans votre voiture.

Tout le monde y eût gagné, si cette idée vous était arrivée plutôt : vous, l'enfantement de votre lourde prose ; moi, sa réfutation laborieuse ; les abonnés de l'*Écho*, la lecture de l'une et de l'autre.

Promettons-nous mutuellement, pour les tems futurs, de suivre fidèlement votre sage précepte. Sur ce, serrons-nous la main, jusqu'au premier bal, éloigné ou prochain.

Un DOS à cinq couverts.

Morlaix, 24 Mai 1843.

Morlaix. — Imprimerie de LÉDAN.